MEDIADO YA EL CAMINO DE LA VIDA

DANTE ALIGHIERI nació en Florencia en 1265, en el seno de una familia noble empobrecida. Su formación se enmarcó en la tradición de la época, por lo que probablemente estudió en la Universidad de Bolonia. Conoció a Beatriz Portinari en 1274, y a la muerte de esta, en 1290, el joven poeta estilnovista buscó refugio en el estudio de la filosofía y la teología, y escribió la *Vida nueva*. En esa época se involucró en la disputa entre güelfos y gibelinos, partidarios del papa y del emperador, respectivamente. Llegó a ser un importante güelfo blanco –defendían la independencia tanto del poder papal como del imperial–, de modo que cuando los güelfos negros tomaron el poder en Florencia en 1302 Dante fue condenado a distintas penas y marchó al exilio. Primero se refugió en Verona y, tras residir en numerosas ciudades, se estableció finalmente en Rávena, donde completó la escritura de su gran obra, la *Divina comedia*. Murió en Rávena, al volver de una misión diplomática en Venecia, en 1321.

MEDIADO YA EL CAMINO DE LA VIDA

DANTE

Selección y traducción de Jorge Gimeno

MEDIADO YA EL CAMINO DE LA VIDA*

Mediado ya el camino de la vida,
me vi de pronto en una selva oscura,
ya del todo perdido el rumbo cierto.
¡Ah, tan difícil es decir lo densa
y ruda y fiera que era la espesura,
que solo de pensarlo vuelve el miedo!
La muerte no le gana en sinsabores.
Mas por tratar del bien que allí me cupo
escribiré de todo cuanto vi.

Infierno, I, 1-9

* Todos los títulos son del antólogo.

EL LEOPARDO, EL LEÓN Y LA LOBA

Y ahí estaba, no tuve que andar mucho:
un leopardo ligero y todo presto
que de piel tachonada se cubría;
plantado me miraba sin moverse,
y de tal modo me cerraba el paso
que estuve por volverme varias veces.
Era muy pronto, apenas clareaba,
el sol trepaba el cielo con los astros
igual que el día en que el amor divino
movió por vez primera aquellos cuerpos.
Y a pesar del leopardo moteado,
me hicieron concebir buenos augurios
la hora pronta y la estación tan dulce,
mas no al punto que no me amedrentase
la vista repentina de un león.
Parecía venir derecho a mí,
la testa erguida y con rabiosa hambre,
hasta el aire temblaba en apariencia.
Y una loba, que toda la avidez

congregaba en sus carnes consumidas,
devoradora de un montón de gente,
me redujo a un estado lamentable
con solo dirigirle la mirada,
y ya no confié en llegar arriba.
Y como aquel que goza acumulando,
y cuando la fortuna le desprecia,
solloza y se lamenta amargamente,
igual hizo conmigo la insaciable,
que viniendo a mi encuentro poco a poco
me fue empujando donde el sol se calla.

Infierno, I, 31-60

APARECE VIRGILIO, EL PRIMER GUÍA

«¿Así que eres Virgilio, aquella fuente
de que mana infinita la elocuencia?»,
le contesté con frente avergonzada.
«Oh luz y honor de los demás poetas,
válgame ahora el gran amor y estudio
que siempre he dedicado a tu poema.
Virgilio es mi maestro y mi modelo,
de ti y de ningún otro yo he tomado
el alto estilo que me ha dado fama.
Mira la bestia por que yo me he vuelto,
líbrame de ella, sabio renombrado,
que me estallan las venas y los pulsos».

Infierno, I, 79-90

RUEGO DE BEATRIZ A VIRGILIO

«Oh generoso corazón mantuano,
cuya fama en el mundo aún se celebra
y durará mientras el mundo dure,
el que es mi amigo, y no por un acaso,
ve su camino en la desierta cuesta
tan negro, que recula horrorizado.
Lo que temo es que esté ya tan perdido
que mi intento de auxilio llegue tarde,
por lo que de él he oído allá en el cielo.
Así que ve, con tu palabra clara
y cuanto se precise, a socorrerle.
Sálvale, y yo me quedaré tranquila.
Yo soy Beatriz, Beatriz es quien te ruega.
Vengo de allí donde volver deseo.
Amor me manda y mueve mis palabras».

Infierno, II, 58-72

DINTEL DEL INFIERNO

«Yo llevo a la ciudad de los lamentos.
Yo llevo al sufrimiento inacabable.
Yo llevo con la gente condenada.
El alto autor me hizo por justicia.
Yo soy el fruto del poder divino,
del saber sumo y el amor primero.
A mí me precedieron solo cosas
eternas, mas eterno yo perduro.
Que el que cruce este umbral, ya nada espere».
Estas palabras de color sombrío
vi escritas en lo alto de una puerta.
«Es muy duro, maestro, su sentido».
Y él, como hombre avisado, me repuso:
«Aquí se quede toda cobardía,
todo temor se quede en esta puerta.
Hemos llegado al sitio en que te he dicho
que has de ver a las almas dolorosas
que han perdido la luz del intelecto».

Y tras tomar mi mano con la suya,
con rostro alegre que me trajo fuerzas
me introdujo en las cosas escondidas.

Infierno, III, 1-21

EL LIMBO

Allí predominaban los suspiros,
según pude escuchar, y en tan gran número
que hacían retemblar el aire eterno.
Procedían del duelo sin tormento
del amontonamiento innumerable
de niños y mujeres y varones.
Y el maestro me dijo: «¿No preguntas
al verlos quiénes son estos espíritus?
Te lo voy a decir, para que sepas.
Estos jamás pecaron. Tienen méritos,
pero no bastan. Les faltó el bautismo,
que es la puerta a la fe que tú profesas.
No adoraron a Dios como se debe
porque fueron llamados a la vida
antes del cristianismo. Yo entre ellos.
Por esta deficiencia solamente
estamos condenados a vivir
un eterno deseo insatisfecho».

Infierno, IV, 25-42

LOS POETAS

En eso oí una voz cruzar el aire:
«Honremos al altísimo poeta;
vuelve su sombra que se había ido».
Cuando la voz cedió y ganó el reposo,
vi cuatro grandes sombras que venían,
sin parecer ni tristes ni contentas.
Habló el maestro y fue para decirme:
«Fíjate en el que viene espada en mano
como señor delante de los otros:
es Homero el poeta incomparable;
Horacio va detrás, grande en la sátira,
y luego Ovidio y luego va Lucano.
Y pues todos comparten ese nombre
que la voz solitaria ha pronunciado,
me rinden homenaje, y hacen bien».
Así yo vi reunida la alta escuela
de aquel señor del canto soberano,
que a los otros rebasa como el águila.
Tras conversar un poco todos juntos,
me dedicaron un saludo amable,

y a su saludo sonrió Virgilio.
Y más honor me hicieron todavía,
que fue el de abrir sus filas y acogerme:
sexto fui yo entre tanto predominio.

Infierno, IV, 79-103

MINOS, JUEZ DEL INFIERNO

Y así bajé del círculo primero
al segundo: menor era el espacio
y mayor el dolor, y enorme el duelo.
Era el reino de Minos horroroso,
que a la entrada examina los pecados
y sentencia y condena con su cola.
Esto es, cuando las almas mal nacidas
allí llegan, confiesan sus pecados.
Y aquel inquisidor de la ignominia
decreta su lugar en el infierno.
Se enrosca tantas veces con su cola
como grados impone su condena.
Ante él se apiñan negras muchedumbres,
por turno van pasando a que los juzgue,
hablan y escuchan y al abismo van.

Infierno, V, 1-15

EL AMOR DE FRANCESCA Y PAOLO

«Un día estábamos los dos leyendo
cómo el amor le pudo a Lanzarote.
Leíamos a solas, inocentes.
Y varias veces pálidos, los ojos
dejaron la lectura y se encontraron.
Pero un pasaje obró nuestra desgracia.
Al leer que los labios deseados
recibieron el beso del amante,
este que ves, ya parte mía siempre,
la boca me besó todo temblando.
Galeoto fue el libro y quien lo hizo:
y ya más no leímos aquel día».

Infierno, V, 126-138

LA LLUVIA ETERNA

El círculo tercero vierte lluvia
eterna, fría, desdichada, a plomo,
siempre la misma, en nada nunca nueva.
Grueso granizo, un agua negra, nieve,
el aire tenebroso al suelo arroja.
Y la tierra se torna pestilente.
Cerbero, fiera cruel y monstruosa,
con tres bocas caninamente ladra
a los que se rebozan en el fango.
Tiene ojos rojos, barba crasa, en cerdas,
un vientre enorme y garras en las patas.
Y desgarra, desuella y descuartiza.
Y las almas aúllan con la lluvia
como perros; le prestan un costado,
luego el otro, mil veces miserables.

Infierno, VI, 7-21

ARBUSTOS QUE SANGRAN

Yo escuchaba gemidos procedentes
de aquí y de allá, no viendo quién gemía,
por lo que me detuve perturbado.
Yo creo que él creyó que yo creía
que las voces salían de un arbusto,
y que alguien se escondía a nuestra vista.
A lo cual mi maestro: «Si tú partes
el más pequeño tallo de estas plantas,
hará crac igualmente lo que piensas».
Entonces alargué la mano un poco
y cogí la ramita de un espino;
y el tronco me gritó: «¿Por qué me arrancas?».
Tras eso se bañó de sangre oscura,
y repitió: «¿Por qué me dilaceras?
¿No tienes sentimientos, no te apiadas?
Hombres fuimos, y ahora somos zarzas,
debería tu mano ser piadosa,
aunque fuésemos almas de serpientes».
Como una tea verde que prendida

por un extremo, por el otro gime
y silba con el aire que echa fuera,
así salían del renuevo roto
la sangre y las palabras. De tal modo
que lo dejé caer, petrificado.

Infierno, XIII, 22-45

EL MONSTRUO GERIÓN

Hallé a mi guía ya subido y listo
sobre la grupa de la bestia fiera,
y me dijo: «Sé fuerte. Sé valiente.
Ahora toca usar otras escalas.
Monta delante, que yo iré detrás,
así la cola no podrá dañarte».
Como el que siente los escalofríos
de la cuartana, ya las uñas blancas,
y que tirita con mirar la sombra,
así me puse yo al oír aquello.
Pero quiso vergüenza amonestarme,
que gran señor obliga a mal vasallo.
Allí me acomodé en el espinazo.
Y sentí que la voz no me sonaba
cuando quise pedir que me abrazase.
Pero él, que ya me había socorrido
en otros lances, nada más montarme
me ciñó la cintura y me sostuvo.
«Gerión», dijo, «adelante, descendamos.

Baja en círculos grandes, poco a poco.
Hoy llevas una carga que sí pesa».
Como la navecilla deja el puerto
y recula y recula, así hizo el monstruo,
y cuando pudo obrar con desahogo,
puso la cola donde estaba el pecho,
y la estiró lo mismo que una anguila,
y el aire acaparaba con las patas.
Mayor, supongo, no sería el miedo
de Faetón, que dejó caer las riendas
y quemó el cielo, tal y como aún vemos;
ni el de Ícaro menguado, cuando implume
devino por la cera derretida,
y el padre le gritaba: «¡Mal camino!»,
que el que sentí cuando me vi en el aire
de vacío y vacío rodeado,
y sin ver otra cosa que a la bestia.
Y ella se lanza y nada muy despacio,
y gira y baja y yo no noto nada,
excepto un viento que me barre el rostro.
Y sentí de repente a mi derecha,
allá al fondo, el estruendo de las aguas,
y asomé la cabeza para verlo.
Mi miedo a la caída fue mayor,
ya que vi llamas y escuché gemidos,
y entre temblores apreté los muslos.

Y noté que bajábamos girando
tan solo cuando oí los grandes ayes
que me llegaban de distintos puntos.
Como el halcón que mucho ha estado arriba,
y que no ha visto pájaro o señuelo
y hace exclamar al halconero: «¿Ya?»,
y baja exhausto al punto de partida,
dando cien vueltas, y se posa lejos
del amo, desdeñoso e irascible,
así Gerión nos descargó en el fondo,
donde moría la tajada roca,
y ya del todo libre de nosotros
partió como la flecha de la cuerda.

Infierno, XVII, 79-136

MALASBOLSAS

Malasbolsas se llama en el infierno
un lugar pétreo de color ferroso
como la barda que lo cerca todo.
Justo en el centro del lugar maligno
se abre un pozo profundo y dilatado
que ya describiré cuando proceda.
Es circular la zona entre la base
de la pared rocosa y ese pozo,
y se divide en diez fosos u hoyas.
Lo mismo que los fosos de un castillo
lo rodean a fin de protegerlo
y el conjunto compone una figura,
así se presentaban esos otros.
E igual que en ellos de las puertas parten
puentecillos que van al parapeto,
también allí salían de la roca,
cruzaban y cortaban los fosados
hasta el pozo central que los reúne.
En tal lugar, con tales propiedades,

nos desmontó Gerión. Y allí el poeta
tomó a la izquierda, y yo seguí sus pasos.
A mi derecha vi dolores nuevos,
nuevos tormentos y flagelos nuevos,
estaba llena la primera hoya.
Allí desnudos vi a los pecadores:
o venían de cara los de fuera
o iban dando zancadas los de dentro,
igual que los romanos han dispuesto,
cuando es el jubileo, que el gentío
deambule por el puente de este modo,
y los de un lado miran al castillo
y marchan a San Pedro, y los del otro
se aprietan y caminan hacia el monte.
Aquí y allá, en aquellas negras peñas
vi demonios cornudos con vergajos
que crueles les curtían las espaldas.
¡Ay, les hacían levantar los remos
de un latigazo, nadie se atrevía
a aguardar el segundo o el tercero!

Infierno, XVIII, 1-39

LA PEZ HIRVIENTE

Como en los arsenales de Venecia
en invierno la pez tenaz borbolla
que repara las naves averiadas
cuando a la mar no salen –y así uno
recompone su nave, otro da brea
a los flancos que más han navegado;
tal martillea en proa, tal en popa;
este hace remos y este tuerce cáñamo;
tal arma la mayor, tal el trinquete–:
así, por ley divina, no por fuego,
borbollaba allí abajo una pez densa
que enviscaba la orilla a cada lado.
Yo la veía, pero solo veía
las pompas que el hervor iba formando,
que se hinchaban y luego desinflaban.

Infierno, XXI, 7-21

LA METAMORFOSIS MUTUA

Como el lagarto bajo el gran flagelo
de la canícula, al cambiar de seto
cruza como un relámpago el camino,
así surgió arrojándose a las tripas
de los dos que quedaban una bicha
en llamas, negra y lívida pimienta.
Y allí donde primero recibimos
alimento, mordió en uno de aquellos.
Después cayó ante él y quedó tendida.
El malherido la miró en silencio.
Y allí de pie plantado bostezaba
igual que si tuviera fiebre o sueño.
Él la miraba y ella le miraba.
Él por la llaga y ella por la boca
humeaban, y el humo se juntaba.
Calle ahora Lucano cuando habla
del mísero Sabello y de Nasidio,
y escuche lo que sale de mi arco.
Calle su Cadmo y su Aretusa Ovidio,

que si aquel en serpiente y esta en fuente
mudó con arte, no le tengo envidia;
que dos naturalezas la una en otra
no trasmutó, de modo que las formas
se prestaran al cambio de materia.
Las dos se intercambiaron como digo,
pues la serpiente bifurcó la cola,
y el herido cerró y fundió sus plantas.
Las piernas y los muslos se pegaron
de tal modo, que al poco la juntura
ya no dejaba ver ninguna marca.
Tomó la cola hendida la figura
que iba perdiendo el otro, y el pellejo
se ablandaba y la piel se endurecía.
Vi los brazos entrar en los sobacos,
y las dos patas de la fiera, cortas,
ganar lo que los brazos se acortaban.
Y las traseras, juntas, retorciéndose,
dieron el miembro que se cubre el hombre,
y devino el del mísero dos patas.
Mientras que el humo tiñe a cada uno
con nuevo colorido, y pone pelo
al que no tiene, y quita al que tenía,
ella se puso en pie y él cayó a tierra,
e impíos se miraban a los ojos,
y debajo los morros trasmudaban:

el erecto aplastó en su rostro el suyo,
y con el material que le sobraba
en las mejillas planas puso orejas.
Con lo que no gastó detrás, compuso
al frente la nariz de aquella cara,
rellenando los labios a conciencia.
El que yacía se sacó un hocico
y guardó las orejas en la testa,
igual que guarda el caracol los cuernos.
Y la lengua, antes sólida y amiga
del verbo, se partió, y la bifurcada
del otro se juntó. Y ya no hubo humo.

Infierno, XXV, 79-135

LA MUERTE DE ULISES

«Cuando
hube dejado a Circe, que me tuvo
más de un año en la orilla de Gaeta,
antes de que así Eneas la llamara,
ni el cariño a mi hijo, ni el respeto
al padre anciano, ni el amor debido
a Penélope, siempre postergado,
vencieron el ardor que me movía
a querer conocer a fondo el mundo
y los vicios humanos y el arrojo.
Al ancho mar profundo me lancé,
solo con una nave y con la gente
poca que no me había abandonado.
Una y otra ribera vi hasta España,
hasta Marruecos, y la isla sarda
y las demás por ese mar bañadas.
Yo y los míos ya estábamos cascados
cuando llegamos al estrecho paso
donde Hércules hincó sus dos mojones

para que nadie fuese más allá.
A la derecha se quedó Sevilla,
y Ceuta ya quedaba a nuestra izquierda.
"Oh, hermanos", dije, "que tras mil peligros
al fin habéis llegado a este occidente:
para lo que nos queda de vigilia
de los sentidos, no podéis privaros
de ser vosotros los conocedores,
allende el sol, del mundo sin humanos.
Pensad en vuestro origen, que no fuisteis
hechos para vivir como las bestias,
lo vuestro es la virtud y saber cosas".
Los aguijoneé tanto al camino
al dirigirles mi pequeña arenga,
que no habría podido retenerlos.
Y puesta nuestra popa a la mañana,
los remos fueron alas alocadas,
virando de la parte de la izquierda.
Ya la noche mostraba las estrellas
del otro polo, y tan hundido estaba
el nuestro que las aguas lo cubrían.
Cinco veces prendió y se apagó cinco
la claridad debajo de la luna
después de franquear el arduo paso.
Y entonces vimos la montaña, oscura
por la distancia, y la juzgué tan alta

como jamás había visto otra.
Tras la alegría, vino presto el llanto:
lanzó la nueva tierra tal vorágine,
que sacudió la nave por el frente.
Tres veces la giró con toda el agua.
A la cuarta apuntó la popa arriba
y fue la proa al fondo, alguien lo quiso,
y la mar se cerró sobre nosotros».

Infierno, XXVI, 90-142

MAHOMA

Nunca un tonel sin fondo o sin sus duelas
se vio tan destripado como un bulto
rajado del mentón a donde el pedo.
Le colgaba el mondongo entre las piernas,
y vi las vísceras y el triste saco
que mierda hace de todo cuanto traga.
Mientras que yo no le quitaba ojo,
me miró, y con las manos se abrió el pecho,
diciendo: «¡Mira, entero rebanado!
¡Mira qué desmembrado está Mahoma!
Ahí delante va llorando Ali,
tajado del mentón a los cabellos.
Y todos los demás que ves aquí,
sembradores de escándalo y de cisma
en vida, están también descuartizados.
Ahí detrás un diablo nos avía
por siempre cruel: el tajo de su espada
repasa a cada miembro de esta resma

una vez completamos la atroz torca,
pues se cierran de nuevo nuestras llagas
antes que regresemos a su altura».

Infierno, XXVIII, 22-42

UGOLINO DEVORA A SUS HIJOS

«Has de saber que fui el conde Ugolino,
y este de aquí es Ruggieri el arzobispo:
te diré por qué soy tan mal vecino.
Que a causa de sus malas intenciones,
por haber confiado en él, fui preso
y luego muerto, huelga que lo diga.
Pero lo que seguro no has oído,
a saber, lo muy cruel que fue mi muerte,
vas a oírlo, y dirás si me hizo ultraje.
Una tronera de la torre aquella
que hoy del hambre se llama por mi historia,
y que aún ha de encerrar a muchos otros,
me había ya mostrado por su hueco
algunas lunas cuando tuve el sueño
que fatal rasgó el velo del futuro.
Vi a este, que encabezaba la batida
a la caza del lobo y los lobeznos
en el monte que a Pisa oculta Lucca.
Había hecho que fueran por delante,

con perros flacos, ávidos y diestros,
los Gualandi y Sismondi, los Lanfranchi.
Tras escasa carrera se cansaron
padre e hijos, y a fuerza de colmillos
los perros desgarraban sus costados.
Cuando me desperté, antes de la aurora,
oí llorar en sueños a mis hijos,
que allí dormían y pedían pan.
Eres muy cruel si no te compadeces
al ver lo que mi alma presentía.
Si no lloras con esto, ¿con qué lloras?
Ya despiertos, llegada fue la hora
en que solían darnos de comer,
y cada uno dudaba tras el sueño.
Y en esto oí clavar la puerta abajo
de la temible torre. Solo pude
mirarles, y no pude decir nada.
Yo no lloraba, ya era piedra dura.
Lloraban ellos. Mi pequeño Anselmo
dijo: "Nos miras raro. ¿Qué te pasa?".
No vertí lágrimas ni di respuesta
todo aquel día ni la noche aquella,
hasta que el nuevo sol brilló en el mundo.
Tan pronto un tenue rayo se coló
en la mortal prisión, supe mi aspecto
con ver el que tenían ellos cuatro.

Las manos me mordí de la congoja.
Y ellos, pensando que era por las ganas
de comer, se pusieron en pie a una:
"Padre, nos dolería mucho menos
que comieras la carne miserable
con que tú nos vestiste: tuya es, tenla".
Me sosegué por no avivar su pena.
Ese día y el otro ya no hablamos.
Ay, dura tierra, ¿por qué no te abriste?
Y cuando hubo llegado el cuarto día,
Gaddo se me arrojó a los pies y dijo
solo esto: "Padre mío, ¿no me ayudas?".
Y así murió. E igual que tú me ves,
vi caer a los tres uno tras otro
entre el quinto y el sexto día. Entonces,
ya ciego, tanteando sobre ellos,
dos días los llamé después de muertos.
Luego, más que el dolor, pudo el ayuno».

Infierno, XXXIII, 13-75

ENCUENTRO CON LUCIFER Y REGRESO A LA SUPERFICIE DE LA TIERRA

Si fue tan bello como ahora es feo,
y aun así a su creador alzó la ceja,
justo es que de él provengan nuestros males.
¡Oh, y lo que superó todo prodigio
fue ver una cabeza con tres caras!
La delantera, que era toda roja,
y dos que por los lados se sumaban
arrancando del centro de los hombros
y uniéndose en lo alto de la crisma.
La diestra era entre blanca y amarilla.
La izquierda se mostraba como aquellas
que son de donde el Nilo se despeña.
Dos alas acogía cada una,
del porte conveniente a tanto pájaro:
velas de mar no vi jamás tan grandes.
Implumes, semejaban por la pinta
las alas de un murciélago; al batirse
juntamente, tres vientos desataban,
motivo de los hielos del Cocito.

Con seis ojos lloraba, y por tres barbas
pendía el llanto y la sangrienta baba.
Las bocas destazaban con los dientes
a un pecador, igual que agramadera,
de modo que eran tres los supliciados.
Herían los mordiscos al del centro
menos que los zarpazos que sin orden
le dejaban la espalda desollada.
«Esa sombra que pena más que todas»,
dijo el maestro, «es Judas Iscariote:
no verás su cabeza, ves sus piernas.
Y de los dos que están cabeza abajo,
el que cuelga del negro morro es Bruto:
¡ah, cómo se retuerce y no se queja!
Y el otro es Casio, tan robusto él.
Pero la noche cae, se hace tarde
y debemos partir, todo está visto».
Yo me agarré a su cuello según quiso,
y él supo cómo y cuándo dar el paso.
Y al abrirse las alas lo bastante,
se agarró a la pelambre del costado.
Y de un vellón a otro fue bajando,
entre la greña y el helado lago.
Cuando estuvimos justo donde el muslo
encaja donde sale la cadera,
mi guía, con fatiga y con agobio,

permutó la cabeza con las piernas,
y se asió al pelo igual que si trepara,
que yo creí volver al propio infierno.
«Sostente bien, por estas escaleras»,
dijo el maestro resollando exhausto,
«hemos de abandonar el mal que has visto».

Infierno, XXXIV, 34-84

DE VUELTA A LA LUZ DEL DÍA

Ahora, por surcar mejores aguas,
la navecilla de mi ingenio alza
velas y deja atrás un mar tan cruel.
Toca que cante yo el segundo reino,
donde el humano espíritu se purga
y de subir al cielo se hace digno.
Resurja aquí la muerta poesía,
oh santas Musas, pues que yo soy vuestro.
Aquí se alce Calíope ya un poco,
y acompañe mi canto del sonido
que golpeó a las míseras Urracas
tan fuerte, que al perdón ya no aspiraron.
Dulce color de orïental zafiro,
que recogido en el sereno aspecto
del éter, puro hasta el primer estrato,
de nuevo fue delicia de mis ojos,
tan pronto dejé atrás el aire muerto
que me había oprimido pecho y ojos.

Purgatorio, I, 1-18

LA MONTAÑA DEL PURGATORIO

La cima era imposible para el ojo,
y bastante más pina la subida
que un cuadrante partido por el medio.
Yo ya estaba agotado cuando dije:
«Oh dulce padre, vuélvete a mirarme,
que si no te detienes, no te alcanzo».
«Hijo mío, tú llega aquí», repuso,
señalando un resalte más arriba
que de esa parte daba vuelta al pico.
Tanto me espolearon sus palabras,
que me esforcé y trepé y llegué a su lado,
y mis pies ocuparon la repisa.
Nos sentamos allí, mirando a oriente,
que era por donde habíamos subido,
que solaza mirar la ruta hecha.
Miré primero abajo a la marina.
Después arriba al sol, estupefacto
al ver que nos hería por la izquierda.

Purgatorio, IV, 40-57

LOS RAYOS DEL SOL NO ATRAVIESAN EL CUERPO DE DANTE

Ya aquellas sombras me quedaban lejos,
y seguía las huellas de mi guía
cuando una a mis espaldas, apuntándome,
gritó: «¡Mirad, parece que no luce
el sol a mano izquierda del segundo,
y en todo se comporta como un vivo!».
Volví los ojos al oír aquello,
y les vi que miraban y miraban
atónitos la luz que yo rompía.
«¿Por qué te dejas arredrar por eso»,
dijo el maestro, «hasta aflojar el paso?
¿A ti qué más te da que cuchicheen?
Sígueme, y deja que la gente diga:
sé como torre firme cuyo tope
el viento con su soplo no menea.
Cuando en el hombre brota pensamiento
tras pensamiento, pierde el horizonte
pues ellos entre sí se menoscaban».

Purgatorio, V, 1-18

DANTE PROMETE ABOGAR POR LOS PENITENTES CUANDO VUELVA A LA TIERRA

Cuando ya dejan de rodar los dados,
el que pierde se queda pesaroso,
repasa la partida y ve si aprende,
y al que gana le sigue todo el mundo:
o van delante, o por detrás le agarran,
o a los costados le mendigan algo.
Él no se para, a todos presta oído.
Si ve que achuchan mucho, da propina.
Y así se va quitando los moscones.
Yo hacía parecido con mi corro,
mirando a cada lado, a cada uno,
y con promesas me zafé de ellos.

Purgatorio, VI, 1-12

PELDAÑOS DE LA PUERTA DEL PURGATORIO

Nos acercamos. El primero era
de un mármol blanco tan bruñido y liso
que pude verme en él como si nada.
El segundo era grana o más bien negro,
de roquedo rugoso y calcinado,
agrietado a lo largo y a lo ancho.
El tercero, compacto sobre ellos,
parecía de pórfido inflamado
como brota la sangre de las venas.
El ángel del Señor allí posaba
las dos plantas, sentado en el umbral,
que era como de piedra de diamante.
Subí los tres peldaños deseoso,
llevado por mi guía, que decía:
«Ruégale que descorra los cerrojos».
Devoto me arrojé a los pies del ángel.
Pedí misericordia y que me abriese,
y antes me di tres golpes en el pecho.

Siete P, con la punta de su espada,
grabó sobre mi frente: «Estas heridas
lávalas», dijo, «cuando estés adentro».

Purgatorio, IX, 94-114

VANIDAD DE LA FAMA

«¡Oh gloria vana del obrar humano!
¡Qué poco dura el verde en la enramada,
a no ser que le siga un tiempo oscuro!
Creía Cimabue que reinaba
en la pintura, y Giotto impera ahora,
y la fama de aquel está menguada.
E igual un Guido al otro le ha quitado
la gloria de la lengua. Y ya ha nacido
acaso quien les prive de su sitio.
No es el rumor humano más que viento
que sopla de esta parte y de la otra
y muda el nombre porque muda el lado.
Cuando pasen mil años, tu renombre
¿será mayor por desprenderte, viejo,
del cuerpo que si mueres siendo crío,
antes de haber dejado tata y tete?
Mil años ante el tiempo es como un guiño
frente al cielo que gira más despacio».

Purgatorio, XI, 91-108

DANTE SE LIMPIA DEL PECADO DE SOBERBIA

Y fue subir los santos escalones
y sentirme enseguida más ligero,
mucho más que antes yendo por lo llano.
A lo que yo: «Maestro, di, qué carga
me he quitado, que casi ya no siento,
al caminar, ni un poco de fatiga».
Me respondió: «Cuando las P que aún quedan
en tu frente, ya medio canceladas,
estén, como la otra, ya borradas,
tus pies caminarán en pura gracia,
tanto que no tendrán de qué cansarse,
sino que subirán alegremente».

Purgatorio, XII, 115-126

DANTE SUEÑA CON UNA SIRENA

Cuando el calor diurno ya no puede,
vencido por la tierra o por Saturno,
templar ni un poco el frío de la luna
–y los geomantes su Mayor Fortuna
ven salir por oriente, antes del alba,
donde a la oscuridad le queda poco–,
vi en sueños a una pécora tartaja,
zamba de remos y bisojo el ojo,
mocha de dedos y de tez cetrina.
Yo la miraba. Y como el sol conforta
los miembros ateridos por la noche,
mis ojos destrababan sus palabras,
y destorcían toda su figura
en un instante, y el exangüe rostro,
como quiere el amor, lo coloraban.
Y una vez hubo hablado sueltamente,
se echó a cantar tan bien que no escucharla
me habría resultado muy difícil.
«Yo soy», cantó, «yo soy dulce sirena,

que en la mar embelesa al marinero,
¡es tan grande el placer que da escucharme!
Ulises se apartó de su camino
por mi canto. El que a oírlo se acostumbra
¡es raro que se prive de mi hechizo!».
Y seguía cantando todavía
cuando surgió una dama santa y presta,
justo a mi lado, para avergonzarla.
«Oh Virgilio, Virgilio, ¿quién es esta?»,
dijo severamente. Y avisado,
él miraba tan solo a la decente.
Cogió a la otra y le rasgó el vestido,
y me mostró su vientre como era.
Y la peste que echó me espabiló.
Abrí los ojos y mi guía bueno:
«Por lo menos tres veces te he llamado»,
dijo. «¡Arriba! Busquemos la quebrada».
Me levanté, y ya el sol lucía claro
por las cornisas del sagrado monte,
y quedaba su luz a nuestra espalda.

Purgatorio, XIX, 1-39

CRUZAN LA CORTINA DE FUEGO Y ENTRAN EN EL EDÉN

El sol dejaba sus primeros rayos
donde su creador vertió su sangre,
y el Ebro estaba bajo la alta Libra,
y las ondas del Ganges se cocían
en nona, esto es, el día declinaba
cuando el ángel de Dios vino dichoso.
Se hallaba fuera de la llama, al borde,
y cantaba «*Beati mundo corde!*»
con voz mucho más viva que la nuestra.
«Más allá no se va sin el mordisco,
almas santas, del fuego: entrad en él,
y no ignoréis el cántico de adentro»,
nos dijo al ver que estábamos ya cerca.
Y nada más oírle me sentí
como el reo al que meten en la fosa.
Con las manos al frente me eché atrás
mirando al fuego, repasando rígido
otros cuerpos ya vistos en las llamas.
Mis guías se volvieron a mirarme.

Y Virgilio me dijo: «Hijo querido,
aquí se sufre, pero no se muere.
¡Tú recuerda, recuerda! Si montando
a Gerión te guié y saliste salvo,
más cerca aquí de Dios, ¿lo haré peor?
Créeme: ni en mil años que pasaras
encerrado en el vientre de esta pira,
habrías de perder un solo pelo.
Y si piensas tal vez que yo te engaño,
acércate a ella y prueba por ti mismo
si se quema la fimbria de tu manto.
¡Vamos, basta ya, déjate de miedos,
entra de frente al fuego, confiado!».
Y yo seguía quieto a mi pesar.
Él, viendo que seguía inmóvil, tieso,
dijo un poco turbado: «Mira, hijo:
entre Beatriz y tú queda este muro».

Purgatorio, XXVII, 1-36

APARECE MATELDA

Se pararon mis pies, pero mis ojos
cruzaron el riachuelo para ver
la variedad florida de ramajes.
Y allí vi aparecer, como aparece
de repente una cosa que acapara,
maravillosa, toda la atención,
a una mujer que sola iba cantando
y cogiendo las flores de las flores
que a su paso esmaltaban el camino.
«Oh bella dama, que en rayos de amor
te abrasas, de creer a los semblantes
con que suelen hablar los corazones,
que sea tu deseo que te acerques
a este río», le dije, «un poco al menos,
y que pueda escuchar eso que cantas.
Haces que piense en Proserpina, en cómo
era y qué hacía cuando la perdió
su madre, y ella se quedó sin flores».
Como se vuelve, con las plantas juntas

y bien en tierra, una mujer que baila,
y un pie adelanta apenas, luego el otro,
giró sobre las flores amarillas
y rojas hacia mí, no de otra forma
que una virgen que baja la mirada.
Y atendió de tal modo a mi pedido
al acercarse, que su dulce acento
de pronto me fue claro y comprensible.
Y en cuanto se llegó donde las hierbas
se bañan ya en las ondas de aquel río,
quiso hacerme el favor de alzar los ojos.
No le debió brillar la luz tan fuerte
bajo la ceja a Venus, traspasada
de forma inadvertida por su hijo.
Ella reía erecta en la otra orilla,
juntando más colores en sus manos
que ofrece sin semilla la alta tierra.
Nos separaba el río con tres pasos.
El Helesponto, a Jerjes asequible,
que frena todavía vanidades,
no se vio más odiado por Leandro,
entre Sesto y Abidos encrespado,
que aquel por mí por no querer abrirse.

Purgatorio, XXVIII, 34-75

APARECE BEATRIZ Y DESAPARECE VIRGILIO

Yo he visto a veces al nacer el día
rosado todo el cielo por oriente,
y el resto de un azul muy reposado,
y la cara del sol surgir velada,
de modo que templado por vapores
el ojo lo miraba largo rato:
así, de aquella nube de mil flores
que las manos angélicas tiraban
y en el carro caían y por fuera,
blanco el velo y de olivo coronada,
una mujer surgió, con manto verde,
vestida de color de viva llama.
Y mi ser, que llevaba tanto tiempo
sin hallarse en presencia de su amada,
sorprendido, temblando, desgarrado,
sin que los ojos aún la hubieran visto,
por el poder oculto que irradiaba,
sintió la fuerza del antiguo amor.
Y apenas en la vista se hubo impreso

el gran poder que ya me había herido
no habiendo abandonado aún la infancia,
me volví deseoso hacia la izquierda
como el chaval que corre hacia su madre,
entristecido o porque tiene miedo,
con el fin de decirle a mi Virgilio:
«No hay gota de mi sangre que no tiemble,
conozco el signo de la antigua llama».
Pero Virgilio ya se había ido
dejándonos: Virgilio, el padre bueno,
Virgilio, a quien me di para salvarme.
Todo lo que perdió la antigua madre
no pudo refrenar en mis mejillas,
lavadas de rocío, el llanto oscuro.
«Dante, porque Virgilio se haya ido,
no llores tú, no llores todavía,
puesto que has de llorar por otra espada».

Purgatorio, XXX, 22-57

BEATRIZ RECONVIENE A DANTE

«No solo por la obra de los cielos,
que orientan la semilla a su objetivo
según la conjunción de las estrellas,
sino por don de la divina gracia,
cuya lluvia se forma de vapores
tan altos que la vista no los capta,
tantos méritos tuvo este de joven
virtuales, que los hábitos correctos
habrían dado en él enormes frutos.
Pero más empeora y se asilvestra
terreno mal sembrado y cultivado
cuanta más fuerza toma de la tierra.
Un tiempo lo sostuve con mi rostro:
mostrándole mis ojos juveniles
le llevaba del lado que es el bueno.
Tan pronto hube llegado a los umbrales
de mi segunda edad, mudé a otra vida,
y él se sustrajo a mí, marchó con otras».

Purgatorio, XXX, 109-126

UN MAR PARA POCOS

Oh vosotros que en mínima barquilla,
por gusto de escuchar, habéis seguido
mi nave que cantando boga allende,
mejor volved la vista a vuestras costas:
no salgáis a alta mar, acaso ocurra,
si no podéis seguirme, que os perdáis.
Entro en aguas que nunca se han surcado.
Minerva sopla, me conduce Apolo,
y las Musas apuntan a las Osas.
Pero vosotros pocos que temprano
alzasteis la cabeza al pan angélico,
que aquí alimenta pero nunca sacia,
sí que podéis hacer vuestro bajel
a la alta sal, y perseguir mi estela
antes de que las aguas se replieguen.

Paraíso, II, 1-15

EL HUMANO AZACANEO

¡Oh necio azacaneo de los hombres,
de qué modo torcidos silogismos
os llevan a volar a ras de tierra!
Al pleito o al emplasto o a la curia,
a eso se consagraban unos y otros,
o a gobernar con dolo y con violencia,
o a la usura o al burdo mercadeo,
o a agotarse en los goces de la carne,
o a derrochar la vida ociosamente,
mientras que, desligado de esas cosas,
yo me hallaba en el cielo con Beatriz,
donde era recibido en gloria plena.

Paraíso, XI, 1-12

FRANCISCO DE ASÍS Y LA POBREZA

Entre el Topino y ese que desciende
del otero elegido por Ubaldo,
se alza la cara fértil del gran monte
que da calor y fríos a Perugia
por la Puerta del Sol, y a sus espaldas
sufren Nocera y Gualdo el arduo yugo.
Donde esa cara frena su pendiente,
advino al mundo un sol, igual que sale
este que ahora hollamos por el Ganges.
Por ello al mencionar ese lugar,
que nadie diga Asís, que sabe a poco,
Oriente es en verdad más apropiado.
Su orto apenas había acontecido,
y ya hizo que en la tierra se sintiese
el beneficio de su gran virtud.
Pues siendo jovencísimo se opuso
a su padre por dama a la que nadie,
como a la muerte, acoge alborozado,

y ante la corte episcopal de Asís
et coram patre desposó a su dama,
y la amó con más fuerza cada día.

Paraíso, XI, 43-63

LA BELLEZA DE BEATRIZ AUMENTA

Ya al rostro de mi dama estaban vueltos
mis ojos, y con ellos iba el alma,
de todo pensamiento liberada.
Y ella no sonreía: «Si sonriese»,
me dijo, «acabarías convertido
en cenizas lo mismo que Semele:
pues mi belleza, que según subimos
al eterno palacio, escala a escala,
como has visto, más luce y más se inflama,
si yo no la templase, esplendería
tanto, que tus mortales facultades
serían rama que desgaja el rayo.
Ya hemos subido al séptimo planeta,
que bajo el pecho del León ardiente
resplandece y tempera su carácter».

Paraíso, XXI, 1-15

DANTE MIRA HACIA ABAJO Y VE LA TIERRA

Mis ojos repasaron una a una
las siete esferas, y este globo vi
tan miserable, que me sonreí.
Y en mucho tengo la opinión que dice
que el mundo poco vale. Y bravo es,
en verdad, el que piensa en otras cosas.
Vi encendida a la hija de Latona,
sin las manchas aquellas que achaqué
a cosa de distintas densidades.
Hiperión, la mirada de tu hijo
allí sostuve, y vi moverse en torno
a los retoños vuestros, Maya y Dione.
Y vi después a Júpiter templado
entre el padre y el hijo. Y desde allí
vi claro el permutar de posiciones.
Y los siete planetas me mostraron
lo gigantes que son y lo veloces,
y la distancia que hay entre sus casas.
Y abajo vi, según giraba Géminis,

entero con sus montes y sus mares
el terrón por que somos tan feroces.
Y los ojos volví a los ojos bellos.

Paraíso, XXII, 133-154

DANTE EXPRESA SU ESPERANZA DE VOLVER A FLORENCIA POETA LAUREADO

Si llega el día en que el poema sacro
en el que han puesto mano cielo y tierra,
y me tiene en los huesos hace tiempo,
derrota la crueldad que me echó fuera
del bello aprisco en que dormí cordero,
enemigo de lobos que hacen guerra,
con otra voz entonces, otro pelo,
regresaré poeta, y en la pila
de mi bautismo ceñiré corona,
pues allí conocí la fe que amista
a las almas con Dios, que me ha valido
que Pedro me nimbara la cabeza.

Paraíso, XXV, 1-12

CANTO FINAL A BEATRIZ

«Oh dama en que se asienta mi esperanza,
que por mi salvación sobrellevaste
tener que caminar por el infierno,
de entre todas las cosas que yo he visto,
a tu poder y a tu bondad les debo,
reconozco, la gracia y el arrojo.
Tú de siervo me has hecho un hombre libre
por todos los caminos y los medios
de que tienes poder para servirte.
Conserva en mí tu liberalidad,
de modo que mi alma que has sanado
marche según deseas de mi cuerpo».
Así rogué yo. Y ella, tan lejana
como estaba, mirándome sonrió.
Y luego se volvió a la fuente eterna.

Paraíso, XXXI, 79-93

UNIÓN MÍSTICA

En la profunda y clara subsistencia
de la alta luz, tres círculos surgieron
de tres colores y una dimensión.
El segundo salía del primero
como un doble arcoíris, y el tercero
era fuego que de ambos emanaba.
¡Qué poca cosa es la palabra y floja
frente al recuerdo! Y de este, ante lo visto,
decir que es poca cosa es decir nada.
¡Oh eterna luz que sola en ti resides,
sola te entiendes, y de ti entendida
y entendiente, te amas y sonríes!
Aquel segundo círculo, que en ti
se me mostraba como reflejado,
mejor examinado por mis ojos,
en su interior, con su mismo color,
dejaba ver el rostro nuestro humano:
en él mi vista toda se sumía.
Como el geómetra que se concentra

para cuadrar el círculo, y no halla,
por más que haga, el principio que precisa,
así me hallé ante aquella visión nueva:
deseaba ver cómo estaba junta
nuestra imagen al círculo y sujeta.
Mas no daban mis alas para tanto:
sino que fue mi mente golpeada
por un fulgor que trajo lo anhelado.
Y aquí ya la visión perdió su fuerza.
Mas ya mi voluntad y mi deseo,
eran rueda constante del amor
que mueve el sol y las demás estrellas.

Paraíso, XXXIII, 115-145

Papel certificado por el Forest Stewardship Council®

Primera edición: septiembre de 2025

Printed in Spain – Impreso en España

ISBN: 978-84-397-4591-4
Depósito legal: B-9.998-2025

Compuesto en La Nueva Edimac, S. L.
Impreso en Huertas Industrias Gráficas, S. A.
(Fuenlabrada, Madrid)

RH45914